FRIENDS FOREVER

Bibliografische Information der Deutschen Bibliothek.
Die Deutsche Bibliothek verzeichnet diese Publikation in der deutschen Nationalbibliografie.

Detaillierte bibliografische Daten sind im Internet über

http://www.d-nb.de/ abrufbar.

EIN BUCH DER EDITION MICHAEL FISCHER

1. Auflage 2016

Erstveröffentlicht bei Pavillion
Titel der Originalausgabe: Arm Candy

Aus dem Englischen übertragen von Beate Wellmann, Heidelberg

Satz: Lisa Heine
Produktmanangement: Juliane Rottach

ISBN 978-3-86355-500-9

Printed in China

www.emf-verlag.de

LAURA STRUTT

FRIENDS FOREVER

ARMBÄNDER
KNÜPFEN, KNOTEN, FLECHTEN

EMF

EIN BUCH DER
EDITION MICHAEL FISCHER

INHALT

EINLEITUNG

Es ist so einfach, ein paar hübsche Perlen und einige andere Dinge, die man zum Basteln braucht, zusammenzusuchen, und schon könnt ihr anfangen, wunderschöne Armbänder für euch selbst oder als Geschenk für eure Freundinnen zu basteln. Ihr könntet sogar einen Bastelnachmittag mit euren Freundinnen veranstalten und gemeinsam Armbänder herstellen. Das Material, das ihr dazu benötigt, ist gar nicht besonders wertvoll, aber die Zeit, die ihr auf das Basteln verwendet habt, um einem lieben Menschen ein kleines Freundschaftsgeschenk machen zu können, wird ganz sicher hoch geschätzt.

Ihr werdet sehen, dass die Projekte sich ganz leicht und mit recht geringem Zeitaufwand nacharbeiten lassen, selbst dann, wenn ihr eine ganz neue Technik ausprobiert, wie zum Beispiel das Loom-Band-Design. Beispiele für Farbkombinationen seht ihr auf den Abbildungen, aber selbstverständlich könnt ihr euren Schmuck auch ganz nach euren persönlichen Farbvorlieben kreieren.

Neben den Designs, für die die üblichen Materialien und Techniken zur Schmuckherstellung verwendet werden, gibt es auch Projekte, bei denen ganz normales Bastelmaterial wie Stickgarn oder Washi-Tape und Sprühfarbe zum Einsatz kommen. Wenn ihr also noch ein paar Reste von anderen Bastelaktionen im Schrank habt, könnt ihr sie jetzt gut aufbrauchen. Für manche Projekte braucht man sogar gar kein Geld auszugeben, weil recyceltes Material benutzt wird, zum Beispiel bei den T-Shirt-Stoff-Armbändern.

Also sucht eure Sachen zusammen und macht euch ans Werk!

PFEILMUSTER-FREUNDSCHAFTSARMBAND

Freundschaftsbändchen zu weben macht einen Riesenspaß. Im Handumdrehen werdet ihr die Technik beherrschen, diese ordentlichen kleinen Schlingen und Knoten zu machen, und dann werdet ihr kaum aufhören wollen, bis ihr eine ganze Serie von Bändchen in all euren Lieblingsfarbkombinationen geknüpft habt.

MATERIAL UND WERKZEUG

- STICKGARN IN ZWEI FARBEN
- SCHERE
- SICHERHEITSNADEL ODER WASHI-TAPE

WEITERE ANREGUNGEN

Knüpft breitere Bänder oder nehmt weitere Farben dazu, indem ihr einfach mehr Fäden des Stickgarns benutzt. Achtet darauf, dass es eine gerade Anzahl ist.

AUS VIELEN EINFACHEN KLEINEN KNOTEN ENTSTEHT EINE BUNTE SAMMLUNG ARMBÄNDER.

1 Ihr braucht vier Fäden Stickgarn in Farbe A und vier Fäden in Farbe B. Die Fäden sollten etwa 80 cm lang sein. Knotet sie 10 cm unterhalb des einen Endes zusammen.

2 Teilt die kurzen Fäden oberhalb des Knotens in drei Partien auf, zwei mit drei und eine mit zwei Fäden. Flechtet sie vom Knoten aus bis 2 cm vor dem Fadenende zusammen und verknotet dann die Fäden am hinteren Ende, damit der Zopf nicht wieder aufgeht. Stecht eine Sicherheitsnadel durch den Knoten – oder benutzt ein Stückchen Washi-Tape – um eure Arbeit auf einem festen Untergrund zu fixieren. Ihr könnt ein Kissen benutzen, ein Bügelbrett oder sogar euer Hosenbein.

3 Jetzt zieht ihr die Fäden glatt und ordnet sie so an, dass von links nach rechts zwei Fäden der Farbe A, vier Fäden der Farbe B und wieder zwei der Farbe A nebeneinanderliegen. Teilt nun die Fäden in zwei Stränge, bei denen sich jeweils zwei Fäden der Farbe A außen und zwei der Farbe B innen befinden.

4 Um dieses Bändchen herzustellen, werdet ihr jede Menge kleiner Knötchen machen müssen. Für einen solchen Knoten legt ihr den ersten Faden über den zweiten, führt ihn darunter hindurch und dann durch die eben entstandene Schlaufe wieder nach oben.

5 Zieht den Faden fest und schiebt die Schlinge in die gewünschte Position.

6 Wiederholt Schritt 4, um mit denselben Fäden und auf dieselbe Weise eine weitere Schlinge zu machen. Diese beiden Schlingen zählen als ein Knoten auf dem Armband. Beginnt mit dem Pfeilmuster. Nehmt die Fäden ganz links und macht nach der Anleitung von Schritt 4, 5 und 6 einen Knoten auf dem Faden rechts daneben. Arbeitet mit demselben Faden weiter, wiederholt die Schritte und macht einen weiteren Knoten auf dem nächsten und anschließend auf dem übernächsten Faden. Der Faden, mit dem ihr eure Arbeit begonnen habt, befindet sich jetzt in der Mitte der beiden Stränge.

TIPP

Bitte denkt daran, jede der kleinen Schlingen, die ihr fertig habt (siehe Schritt 4 und 5), hochzuschieben, damit das Pfeilmuster gleichmäßig und dicht wird. Das fertige Armband ist dann schön glatt, und es entstehen keine unschönen Lücken zwischen den Knoten.

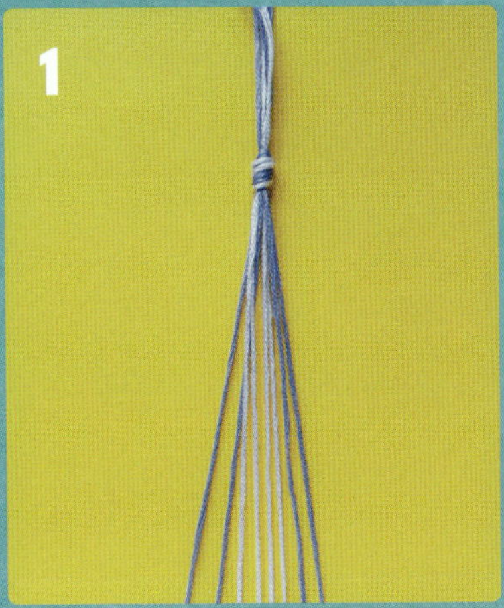
1

2

3

4

5

6

7 Arbeitet jetzt die Spitze des Pfeils. Dazu macht ihr einen einzigen Knoten über die nächsten drei Fäden, der in der Mitte endet. Fügt die Spitze des Pfeils zusammen, indem ihr die beiden inneren Fäden mit einem Knoten zusammenfasst.

8 Nun fangt ihr an, die zweite Hälfte des Pfeils zu arbeiten. Nehmt wieder den am weitesten außen liegenden Faden auf der linken Seite und arbeitet drei weitere Knoten bis zur Mitte. Anschließend arbeitet ihr drei Knoten von der rechten Seite zur Mitte hin und verbindet die beiden Mittelfäden mit einem Knoten. Jetzt habt ihr den ersten Pfeil der Farbe A fertig. Er besteht aus zwei Reihen von Knoten, die sich in der Mitte treffen.

9 Beginnt mit der zweiten Pfeilform. Nehmt dazu die beiden ganz links und macht einen Knoten (siehe Schritt 4 und 5) auf dem rechts davon liegenden Faden. Arbeitet mit demselben Faden weiter, wiederholt die Schritte und macht einen weiteren Knoten auf dem nächsten und anschließend auf dem übernächsten Faden. Der Faden, mit dem ihr begonnen habt, befindet sich jetzt in der Mitte der Stränge.

11 Arbeitet auf der anderen Seite weiter und knotet die zweite Hälfte des Pfeilmusters. Macht einen einzelnen Knoten über die nächsten drei Fäden, der in der Mitte endet. Arbeitet die Spitze des Pfeils heraus, indem ihr die beiden inneren Fäden mit einem Knoten zusammenfasst.

11 Jetzt geht es mit dem äußersten Faden auf der linken Seite weiter. Ihr arbeitet wieder drei Knoten zur Mitte hin. Dann macht ihr von der rechten Seite aus drei Knoten bis zur Mitte und verbindet die beiden mittleren Fäden. Jetzt habt ihr das zweite V des Pfeilmusters mit zwei Knotenreihen in Farbe B.

12 Wiederholt die Schritte 6–11 so oft, bis das Bändchen die gewünschte Länge hat. Macht einen festen Knoten, damit das Muster nicht verrutschen kann. Dann teilt ihr die Fäden in drei Partien auf – zwei mit drei und eine mit zwei Fäden – und flechtet sie bis 2 cm vor dem Fadenende zusammen und verknotet dann die Fäden am hinteren Ende, damit sich der Zopf nicht wieder löst. Schneidet die Fäden sauber ab, bevor ihr das Bändchen um euer Handgelenk bindet oder es einem lieben Menschen schenkt.

7

8

9

10

11

12

CHARM-ARMBAND

Eine große stilisierte Blume ist der Hingucker bei diesem einfachen Statement-Armband. Mit einem Bändchen in fröhlichen Farben habt ihr im Nu ein wunderhübsches Schmuckstück geschaffen.

MATERIAL UND WERKZEUG

- GEWACHSTES BAUMWOLLBÄNDCHEN, MITTELDICK, IN ZWEI FARBEN, JE 40 CM LANG
- SCHERE
- CHARM-MOTIV NACH EUREM GESCHMACK
- ENDKAPPEN, 2 STÜCK
- 2 SCHMALE SCHMUCKFLACHZANGEN
- 2 BIEGERINGE
- KNEBELVERSCHLUSS FÜR ARMBAND

WEITERE ANREGUNGEN

Sucht euch irgendein hübsches Motiv für euren Charm aus, das große Öffnungen hat, damit man die Bändchen gut befestigen kann. Versucht es mit einem Herz oder Stern aus dem Bastelgeschäft oder kreiert euer eigenes Design aus Schmuckdraht.

EIN TOLLES STATEMENT-ARMBAND

MIT AUFFÄLLIGEM CHARM

330ml

1 Schneidet das Band in 20 cm lange Stücke, zwei von jeder Farbe.

2 Nehmt die zwei Stücke in der ersten Farbe zusammen in die Hand, faltet sie in der Mitte und führt dann die dadurch entstandene Schlaufe durch die Öffnung des Charms. Führt die Enden durch die Schlaufe und zieht sie fest.

3 Wiederholt den Arbeitsgang mit den beiden Bandstücken in der zweiten Farbe auf der gegenüberliegenden Seite des Charms.

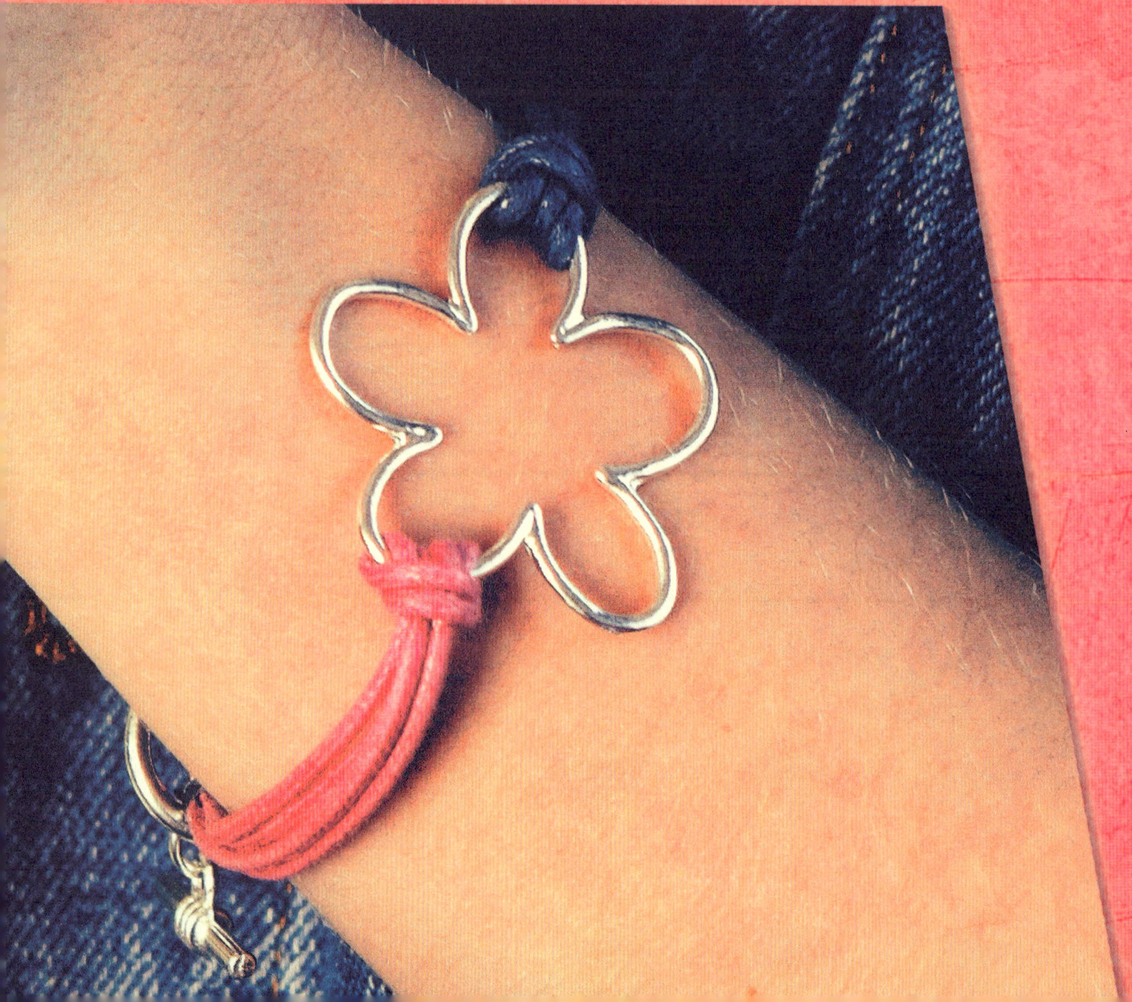

1

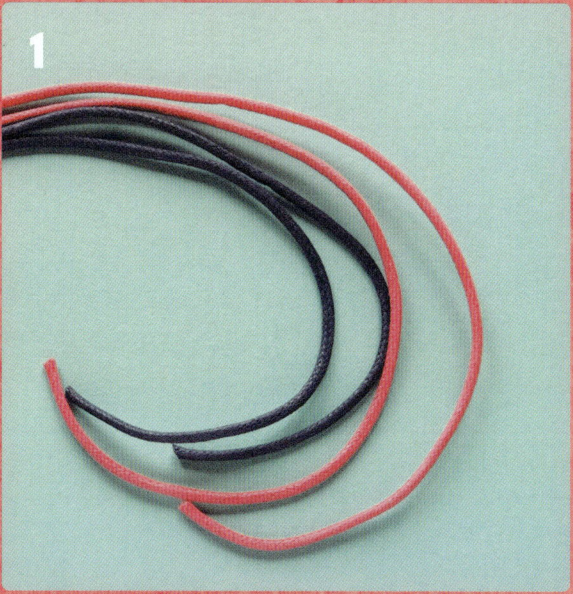

2

3

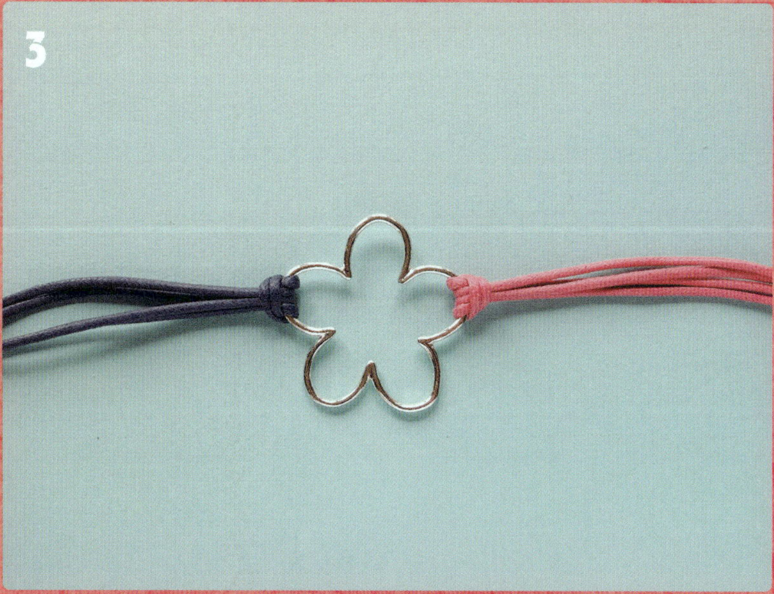

4 Arbeitet der Reihe nach auf beiden Seiten und steckt die vier Enden der Bändchen in Bandkappen, die ihr mit Flachzangen zusammendrückt.

5 Benutzt beide Schmuckzangen, um einen Biegering zu öffnen (siehe Tipp). Führt den Ring durch die Schlaufe des einen Bändchens und dann durch ein Ende der einen Hälfte des Knebelverschlusses. Schließt den Biegering.

6 Verfahrt ebenso mit dem zweiten Biegering, den ihr an dem anderen Teil des Knebelverschlusses auf der anderen Seite befestigt.

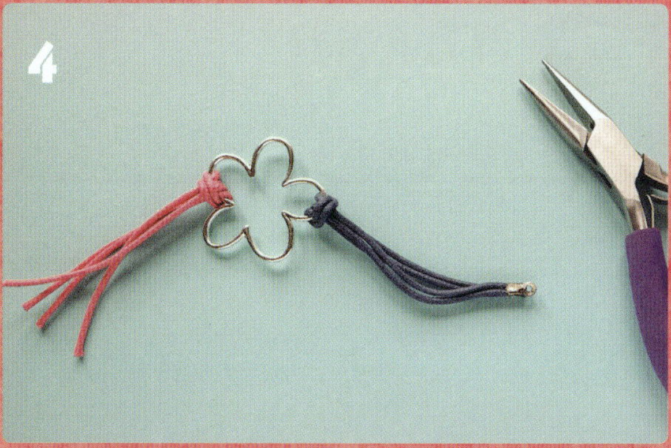

TIPP

Wenn ihr die Biegeringe öffnet, um sie am Verschluss zu befestigen, müsst ihr sehr sorgfältig arbeiten. Dreht die beiden Enden des Rings auseinander, indem ihr sie mit den beiden Schmuckzangen packt und vorsichtig auseinanderdreht. Wenn man die Enden auseinanderdreht und nicht -zieht, kann man sie später leichter sauber schließen, indem man sie in die Gegenrichtung dreht und die Ringform erhalten bleibt.

T-SHIRT-STOFF-ARMBAND

Bänder aus Baumwolljersey eignen sich hervorragend zu Herstellung bunter, weicher Accessoires.

MATERIAL UND WERKZEUG

- BAUMWOLLJERSEY (ODER IN STREIFEN GESCHNITTENE T-SHIRTS)
- SCHERE
- NÄHNADEL UND GARN

WEITERE ANREGUNGEN

Euer Armband wird dicker, wenn ihr sechs Streifen T-Shirt-Stoff verarbeitet. Fasst immer zwei Streifen zu einem Paar zusammen und flechtet die drei Stränge wie bei der Variante mit drei Streifen.

DURCH UPCYCLING WERDEN AUS ALTEN T-SHIRTS SCHICKE NEUE ARMBÄNDER.

1 Schneidet bunten oder gemusterten Baumwolljersey oder alte T-Shirts in 30 cm lange Streifen. Die Anzahl muss durch drei teilbar sein.

2 Knotet je drei Stoffstreifen an einem Ende zusammen und legt sie so zurecht, dass sie sich gut flechten lassen.

3 Flechtet den Zopf, indem ihr den linken Streifen in die Mitte führt, dann nehmt ihr den rechten Streifen und legt ihn in die Mitte. So entsteht der Zopf.

4 Flechtet weiter und legt dazu immer abwechselnd die äußeren Streifen in die Mitte.

TIPP

Beschafft euch euer ganz individuelles (und absolut kostenloses!) Arbeitsmaterial, indem ihr alte T-Shirts in 30 cm lange Streifen zerschneidet, die ihr dann zu einem Zopf flechten könnt.

TIPP

Baumwolljersey oder T-Shirt-Stoff ist sehr elastisch. Am besten zieht ihr die Streifen vor dem Verarbeiten in die Länge und dehnt sie etwas, damit das fertige Armband später beim Tragen nicht zu weit wird.

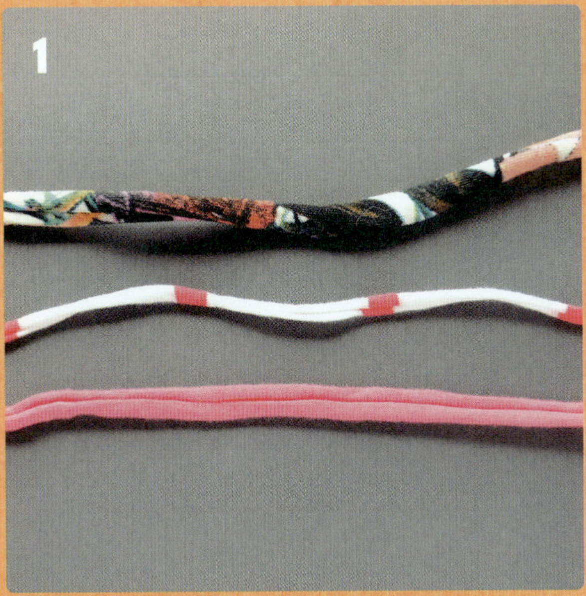
1

2

3

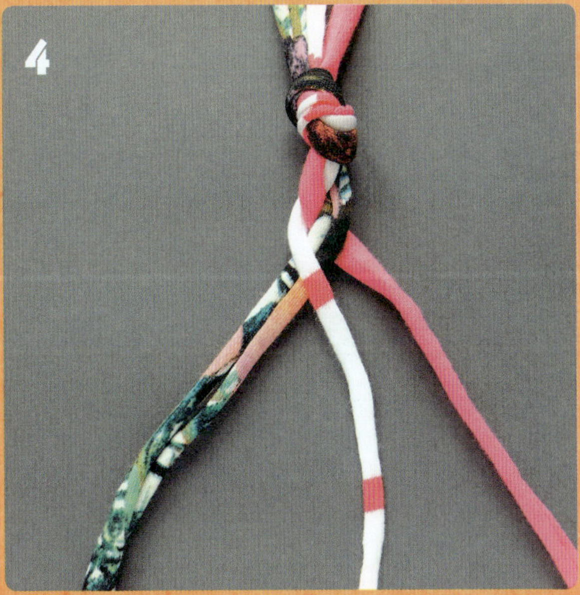
4

TIPP

Fädelt den Faden schon ein, bevor ihr mit dem Flechten anfangt, dann ist das Nähzeug sofort griffbereit, wenn ihr es braucht, und der Zopf kann sich nicht lockern, bevor ihr ihn zusammennäht.

5 Flechtet so lange weiter, bis der Zopf 4 cm länger ist als der Umfang eures Handgelenks.

6 Mit Nadel und Faden macht ihr nun ein paar Stiche durch das Zopfende, um die Streifen an Ort und Stelle zu halten. Verknotet und verwahrt den Nähfaden und schneidet ihn ab. Dann löst ihr den Knoten am Zopfanfang und macht wieder mit Nadel und Faden ein paar Stiche durch die Bänder, damit der Zopf nicht aufgeht. Verknotet und vernäht den Nähfaden.

7 Kürzt fünf der sechs Bandenden auf 2 cm vor dem Zopfende, ein Streifen bleibt lang. Ohne den geflochtenen Streifen zu verdrehen, legt ihr jetzt die kurzen Enden übereinander und näht sie mit Nadel und Faden mit ein paar Stichen zu einem Ring zusammen. Verknotet den Faden gut, vernäht ihn und schneidet ihn ab.

8 Nun wickelt ihr das verbleibende (ungekürzte) Band fest über die Verbindungsstelle, um die Bandenden zu kaschieren. Mit Nadel und Faden fixiert ihr den Streifen, mit dem ihr das Armband umwickelt habt, auf der Innenseite des Armbands. Faden verknoten, vernähen, abschneiden: fertig!

5

6

7

8

WASHI-TAPE-ARMREIF

Washi-Tape gehört sicher zu den beliebtesten Bastelmaterialien, wenn man mit Papier arbeitet. Es gibt eine riesige Auswahl an Farben und Mustern. Für diesen Statement-Armreif sucht ihr natürlich eure Lieblingskombination aus.

MATERIAL UND WERKZEUG

- ALTER ARMREIF AUS HOLZ ODER PLASTIK
- AUSWAHL VERSCHIEDENER WASHI-TAPES
- SCHERE
- DÉCOUPAGE-KLEBER, Z. B. MOD PODGE (OPTIONAL)

WEITERE ANREGUNGEN

Mit silbernem Isolierband könnt ihr einen Metallic-Effekt erzielen. Verarbeitet es genauso wie das Washi-Tape. Wenn ihr Motive daraus ausschneidet, gebt ihr eurem Armreif damit eine ganz individuelle Note.

ALTER AMREIF

IN NEUEM

WASHI-TAPE-LOOK

TIPP

Washi-Tape lässt sich ganz schnell und einfach verarbeiten. Ihr könnt die Klebestreifen ablösen und neu positionieren, wenn ihr mit der Anordnung nicht zufrieden seid. Allerdings haften sie nicht mehr so gut, wenn man das öfter tut. Achtet darauf, dass ein Streifen fest angedrückt ist, bevor ihr mit dem nächsten weitermacht.

1 Reinigt einen alten Armreif und trocknet ihn gut ab. Plant euer Design mit verschiedenen Washi-Tapes in Mustern, die sich gut ergänzen.

2 Schneidet die Washi-Tapes in Streifen, die etwas länger sind als die Stärke des Reifs. Arbeitet um den Reif und fangt an, die Klebestreifen anzubringen. Legt die Enden sorgfältig auf die Innenseite des Reifs und achtet darauf, dass jeder Streifen fest angedrückt ist, bevor der nächste verarbeitet wird.

3 Bedeckt die Außenseite des Armreifs mit Tape-Streifen, die sich auch der Innenseite etwas überlappen, damit von dem ursprünglichen Reif nichts mehr zu sehen ist.

4 Nun schneidet ihr noch zwei Streifen zurecht, die 3 cm länger sind als der Innenumfang des Armreifs. Drückt den ersten Streifen sorgfältig auf der Innenseite fest. Verfahrt mit dem zweiten ebenso. Wenn der Armreif sehr groß ist, braucht ihr vielleicht noch einen dritten Streifen, damit alle Schnittkanten der kleinen Streifen kaschiert und zusätzlich befestigt sind.

TIPP

Damit der Armreif lange hält und geschützt ist, versiegelt ihr die Oberfläche zum Schluss mit Découpage-Kleber oder mattem oder glänzendem Sprühlack.

1

2

3

4

URBAN-KNOT-ARMBAND

Beeindruckt eure Freunde mit eurer geschickten Knüpftechnik! Dieses dicke Armband aus Paracord ist erstaunlich einfach herzustellen. Probiert unterschiedliche Farben und Stärken aus und macht euch an die Arbeit!

MATERIAL UND WERKZEUG

- MITTELDICKES PARACORD, 3 M
- SCHERE
- BASTELKLEBER
- SCHNAPPVERSCHLUSS AUS PLASTIK
- WASHI-TAPE ODER ANDERES KLEBEBAND

WEITERE ANREGUNGEN

Paracord ist ein leichtes Nylonseil, das ursprünglich für Fallschirme verwendet und eigentlich nur in Natur und Olivgrün hergestellt wurde – heute gibt es das Material in allen Farben des Regenbogens. Ihr bekommt auch Neonfarben oder sogar Seil, das im Dunkeln leuchtet. Daraus lassen sich ganz fantastische Armbänder für Nachteulen knüpfen!

EIN TOLLES ARMBAND IM URBAN-STYLE AUS PARACORD GANZ EINFACH GEKNÜPFT!

1 Schneidet ein 75 cm langes Stück Paracord ab. Tragt einen kleinen Tupfer Bastelkleber auf die Schnittflächen auf, damit die Enden nicht ausfransen. Lasst den Klebstoff trocknen. Anschließend faltet ihr das 75 cm lange Seilstück in der Mitte und zieht es durch die Öffnung der einen Hälfte der Schließe. Schiebt die Schlaufe des Seils von vorne nach hinten durch die Schließe und zieht dann die Enden durch die Schlaufe.

2 Fixiert die Schließe mit einem Stück Washi-Tape oder Klebeband auf einem festen Untergrund. Nehmt jetzt den Rest des Seils und macht einen Knoten um die beiden Seilenden unterhalb der Schließe. Achtet darauf, dass der Knoten glatt an der Schließe anliegt. Legt die losen Enden des angeknoteten Seils nach außen: Das an der Schließe befestigte Seil befindet sich in der Mitte.

3 Die Knoten werden in zwei Schritten geknüpft. Beim ersten Teil zieht ihr das linke Seilstück unter den beiden mittleren Seilenden durch und legt das rechte Seilstück über die beiden mittleren Seile. Führt das von links kommende Seil nach oben und durch die im rechten Seil entstandene Schlaufe auf die rechte Seite. Dann führt ihr das rechte Seil nach unten und durch die Schlaufe, die im linken Seil entstanden ist. Zieht den ersten Teil des Knotens fest.

4 Für den zweiten Teil des Knotens legt ihr das linke Seil über die beiden mittleren Seile, das rechte führt ihr unter den beiden mittleren hindurch. Führt das linke Seil nach unten und durch die Schlaufe, die aus dem rechten Seil entstanden ist. Das rechte Seilende wird nach oben geführt und durch die Schlaufe des linken Seils geschoben. Zieht den zweiten Teil des Knotens fest.

TIPP

Geht vorsichtig mit dem Kleber um. Vermeidet Hautkontakt und arbeitet nur mit kleinen Tupfern, damit beim fertigen Armband keine Klebstoffspuren zu sehen sind.

1

2

3

4

5 Macht weitere Knoten, indem ihr die Schritte 3 und 4 wiederholt, bis das Armband 5 cm kürzer ist als die gewünschte Länge. Schiebt die zweite Hälfte der Schließe auf die beiden mittleren Seile und positioniert sie 4 cm vom Ende des geknüpften Bandes entfernt.

6 Faltet die losen Enden der mittleren Seile nach hinten unten über das Armband und macht weitere Knoten über die vier Seile, um sie abzudecken. Folgt dabei den Anweisungen für Schritt 3 und 4, bis ihr an der Schließe angelangt seid.

7 Kürzt die Enden der äußeren Seile und führt sie durch die letzten beiden Schlaufen. Zieht kräftig an den Enden, um den Knoten festzuziehen und die losen Enden zu fixieren.

8 Kürzt die Seile so, dass die Enden auf der Innenseite des Armbands liegen. Tupft einen kleinen Tropfen Klebstoff darauf, damit das Seil nicht ausfransen kann, und lasst das fertige Armband noch eine Weile trocknen, bevor ihr es tragt.

5

6

7

8

GEHÄKELTES ARMBAND MIT PERLEN

Ein paar fröhlich bunte Glasperlen in eine ganz einfache Luftmaschenreihe aus Bindfaden (z. B. Paketschnur) einzufügen ist viel einfacher, als ihr vielleicht glaubt, und ergibt ein großartiges Armband im Festivalstil.

MATERIAL UND WERKZEUG

- NATURBINDFADEN
- SCHERE
- GLASPERLEN, 4 MM, (25–35 PERLEN, JE NACH UMFANG DES HANDGELENKS)
- WASHI-TAPE
- HÄKELNADEL, 5 MM

WEITERE ANREGUNGEN

Für ein einzigartiges Stück könnt ihr mit einer völlig willkürlichen Farbauswahl bei den Glasperlen arbeiten. Oder ihr sucht zwei eurer Lieblingsfarben aus und verarbeitet sie zu einem sich wiederholenden Muster, das ein farblich mehr aufeinander abgestimmtes Design ergibt.

KOMBINIERT BINDFADEN AUS NATURFASERN UND BUNTE GLASPERLEN ZU EINEM ARMBAND IM BOHO-STIL!

1 Schneidet ein 1 m langes Stück Bindfaden ab und fädelt die Perlen in einer Reihenfolge auf, die euch gefällt. Fixiert das Ende des Bindfadens mit Washi-Tape oder Klebstreifen, damit die Perlen nicht herunterrutschen können.

2 Macht einen Knoten in das eine Ende des Bindfadens, schiebt zwei Perlen vor den Knoten und macht dann einen zweiten Knoten. Das ist das eine Ende des Verschlussbändchens des Armbands.

3 Messt 10 cm von dem letzten Knoten ab und macht einen dritten Knoten. Anschließend macht ihr einen Laufknoten, steckt die Häkelnadel durch die Schlaufe des Laufknotens und zieht den Bindfaden um die Häkelnadel. Jetzt holt ihr mit der Häkelnadel das lose Ende des Bindfadens und zieht es durch den Laufknoten – und habt nun eine Luftmasche gehäkelt.

4 Schiebt die erste Perle auf die Luftmasche und holt mit der Häkelnadel wieder das lose Ende des Bindfadens und zieht es durch die Schlinge auf der Häkelnadel, um eine weitere Luftmasche zu häkeln.

TIPP

Wenn ihr etwas dickere Perlen verwendet, müsst ihr natürlich auch eine dickere Häkelnadel benutzen. Nehmt eine Häkelnadel, die 1 mm größer ist als eure Perlen – wenn ihr also 5 mm dicke Perlen habt, sollte die Häkelnadel 6 mm dick sein.

1

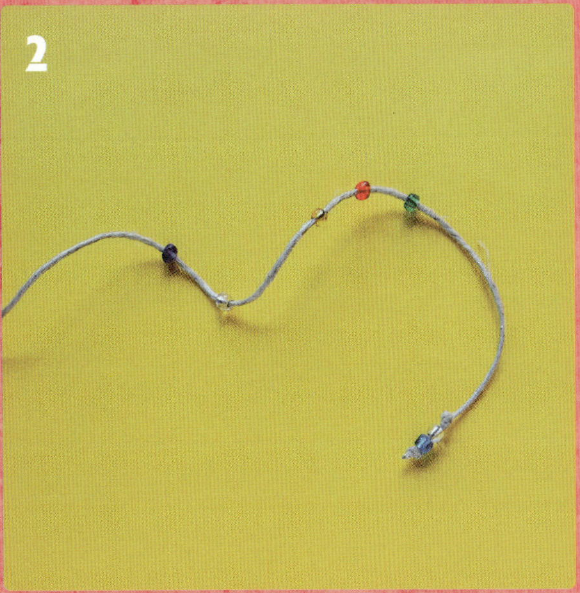
2

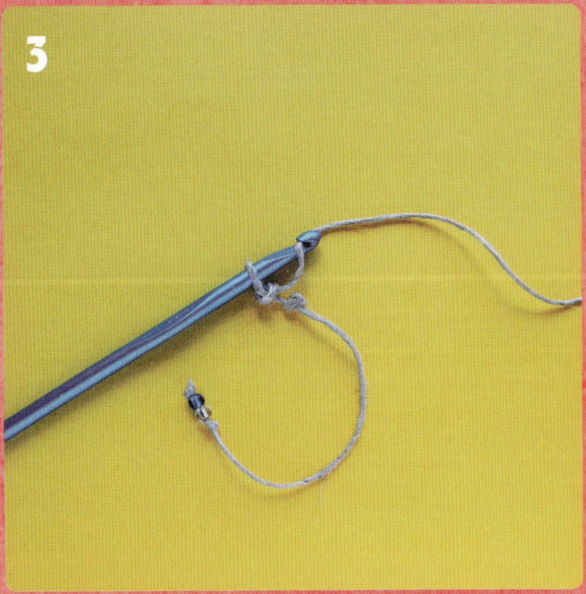
3

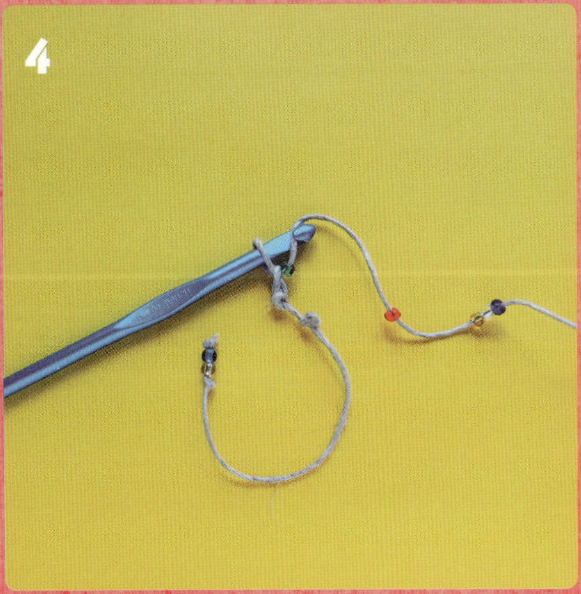
4

5 Nun schiebt ihr die nächste Perle auf dem Bindfaden auf die Luftmasche, die ihr gerade gehäkelt habt, bevor ihr wieder das lose Ende mit der Häkelnadel durch die Schlaufe auf der Nadel zieht.

6 Häkelt weiter Luftmaschen und arbeitet bei jeder Masche eine Perle ein, bis die Luftmaschenkette 2 cm länger ist als der Umfang eures Handgelenks. Zieht die Häkelnadel heraus und verknotet den Bindfaden am Ende der Luftmaschenkette, damit sie sich nicht wieder lösen kann. Achtet darauf, dass sich noch zwei Perlen auf dem restlichen Bindfaden befinden, die den Abschluss des Bindebändchens bilden sollen.

7 Messt 10 cm von dem Ende der Luftmaschenkette ab und macht dort einen Knoten für das zweite Bindebändchen.

8 Schiebt die beiden übrigen Perlen vor den letzten Knoten und haltet sie mit einem weiteren Knoten an Ort und Stelle. Schneidet den Bindfaden hinter dem letzten Knoten sauber ab, macht eine Schlaufe in die beiden Verschlussbändchen, und fertig ist euer Armband.

TIPP

Es kann manchmal ganz schön schwierig sein, die Perlen auf den Bindfaden aufzufädeln. Achtet darauf, dass die Enden sauber abgeschnitten sind, da sich ausgefranste Enden viel schlechter durch die Öffnung der Perlen schieben lassen.

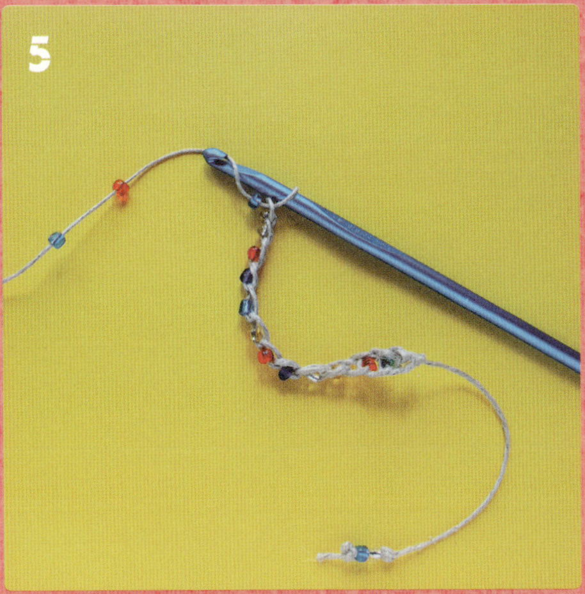
5

6

7

8

SICHERHEITSNADEL-ARMBAND MIT PERLEN

Hier seht ihr, wie ihr ein tolles Statement-Accessoire macht, bei dem eure Freunde kaum glauben werden, dass es nur aus einfachen mit Perlen verzierten Sicherheitsnadeln besteht. Ganz nach Lust und Laune könnt ihr eine einzige Farbe, zwei, drei Farben oder das komplette Regenbogenspektrum verwenden, um ganz unterschiedliche Armbänder herzustellen.

MATERIAL UND WERKZEUG

- SICHERHEITSNADELN – MINDESTENS 60 STÜCK
- STICKPERLEN (ROCAILLES) IN DREI FARBEN
- FEINE GUMMIKORDEL (HUTGUMMI)
- SCHERE
- WASHI-TAPE

WEITERE ANREGUNGEN

Anstatt winzige Rocailles auf die Nadeln zu fädeln, könntet ihr es auch einmal mit Stiftperlen versuchen, um einen anderen Look zu kreieren.

AUS GANZ GEWÖHNLICHEN SICHERHEITSNADELN WERDEN MIT WINZIGEN PERLEN UMWERFENDE ARMBÄNDER.

TIPP

Fixiert das Ende des Hutgummis mit einem Stückchen Washi-Tape auf der Tischplatte. So können die Sicherheitsnadeln nicht gleich wieder von der feinen Gummikordel rutschen, wenn ihr sie auffädelt.

1 Öffnet die Sicherheitsnadel und schiebt die Perlchen auf die Nadel, bis sie voll ist, und schließt dann die Sicherheitsnadel. Verfahrt so mit allen 60 Nadeln, je 20 in einer Farbe.

2 Legt die Sicherheitsnadeln in der Reihenfolge zurecht, die ihr für euer Muster gewählt habt. Bitte achtet darauf, dass die Nadeln immer abwechselnd mit dem Verschluss nach oben und nach unten zeigen. So liegen sie später dichter nebeneinander, wenn sie aufgezogen sind und das Armband geschlossen wird.

3 Schneidet ein Stück Hutgummi ab, das 20 cm länger ist als der Umfang eures Handgelenks, und zieht es durch den oberen Teil der mit Perlen versehenen Sicherheitsnadeln. Bitte überprüft noch einmal, ob der Gummifaden auch wirklich abwechselnd durch den oberen Teil der einen und den unteren Teil der nächsten Nadel verläuft – und dass die Seite mit den Perlchen immer nach außen zeigt.

4 Jetzt nehmt ihr ein zweites Stück Hutgummi, das auch wieder 20 cm länger ist als euer Handgelenksumfang, und zieht es durch den unteren Teil der Reihe von Sicherheitsnadeln. Schiebt dabei die Nadeln sauber und eng aneinander und achtet darauf, dass sie nicht aus Versehen auf der anderen Seite vom Gummiband rutschen.

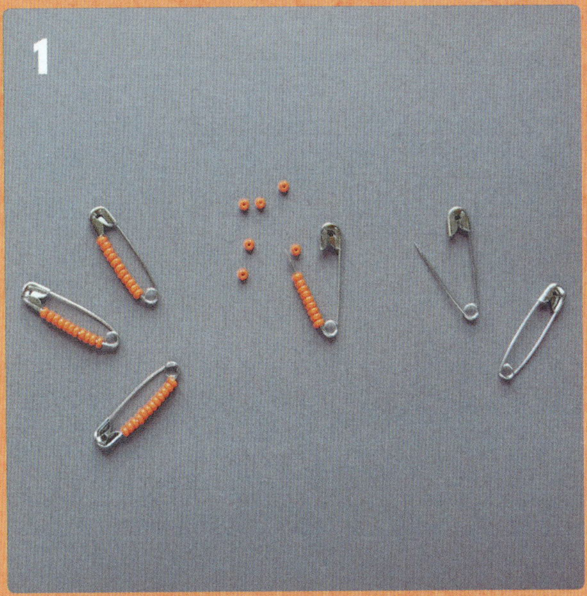
1

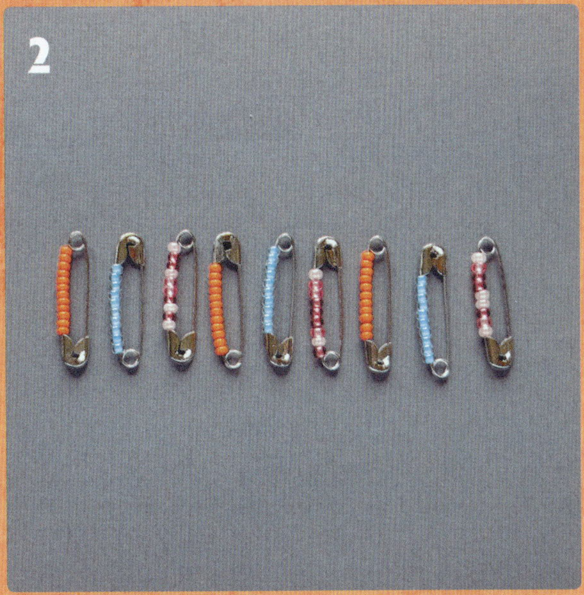
2

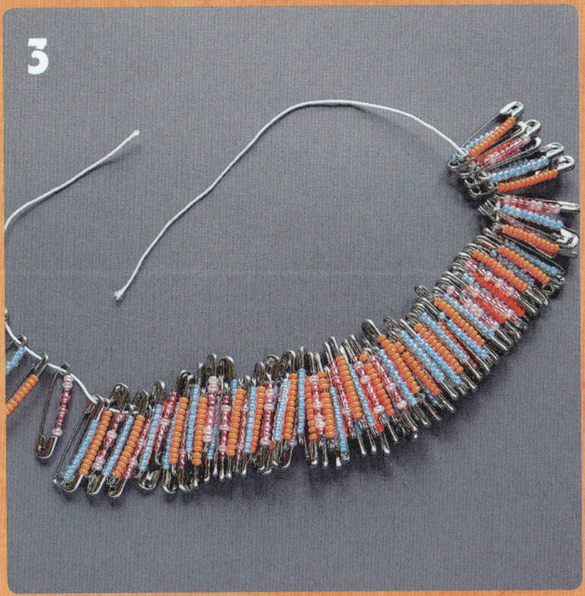
3

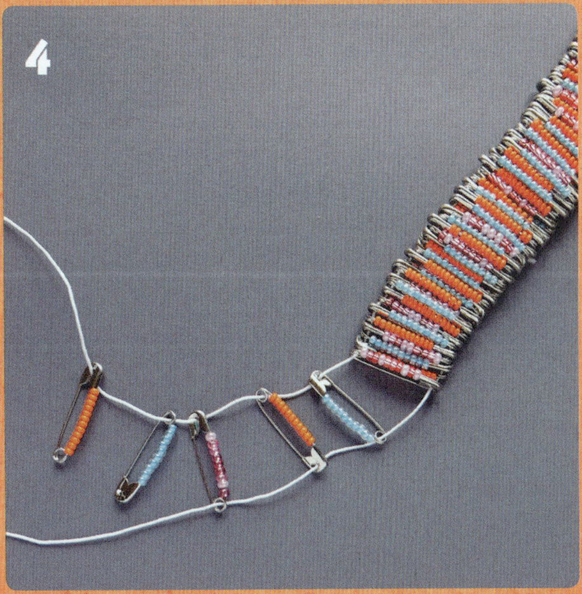
4

5 Anschließend nehmt ihr die Enden des oberen Hutgummis und führt sie zusammen, sodass der Kreis sich schließt. Verknotet die Enden mit einem ordentlichen Knoten gut miteinander und schneidet das überschüssige Gummiband sauber ab.

6 Jetzt macht ihr dasselbe mit dem unteren Hutgummi. Die Enden werden fest verknotet, und das überschüssige Gummiband wird ordentlich abgeschnitten.

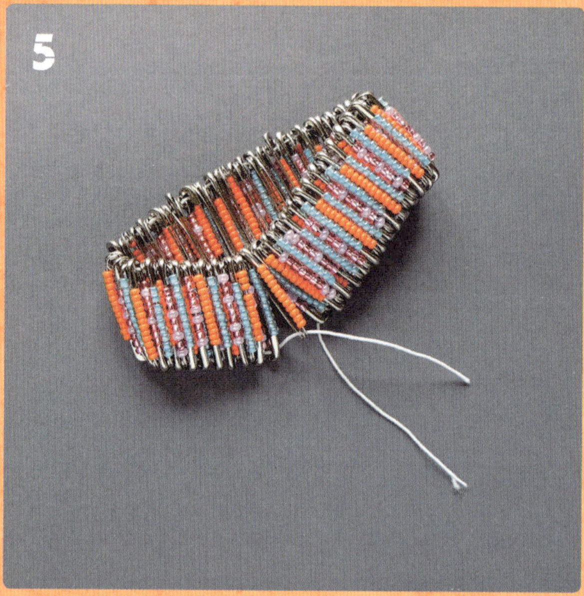

TIPP

Seid ein bisschen vorsichtig, wenn ihr mit den Sicherheitsnadeln arbeitet: Die Nadeln sind ganz schön spitz, und ihr wollt euch doch nicht stechen!

SEEMANNSKNOTEN-ARMBAND

Der dicke Seemannsknoten sieht viel komplizierter aus, als er ist. Es ist gar nicht so schwierig, damit ein ungemein dekoratives Statement-Armband zu knüpfen, das ihr voller Stolz tragen werdet. Wenn es noch ein bisschen ausgefallener sein darf, könnt ihr auch zwei Farben dafür verwenden.

MATERIAL UND WERKZEUG

- DICKE KORDEL IN ZWEI VERSCHIEDENEN FARBEN, JE 45 CM LANG
- SCHERE
- SEKUNDENKLEBER
- BREITE BANDKLEMMEN, 2 STÜCK
- SCHMUCK-FLACHZANGE
- SEKUNDENKLEBER
- SCHMALE SCHMUCK-FLACHZANGEN, 2 STÜCK
- BIEGERINGE, 2 STÜCK

WEITERE ANREGUNGEN

Verwendet die Griffe von schicken Einkaufstüten, wenn ihr ein umweltfreundliches Armband herstellen möchtet. Ihr könnt die Griffe von zwei verschiedenen Tüten benutzen oder die beiden Griffe einer Tüte für die einfarbige Variante.

MIT SO EINEM DEKORATIVEN SEEMANNSKNOTEN GELINGT EUCH GARANTIERT EIN ECHTER HINGUCKER!

1 Schneidet die Kordeln in zwei Stücke in der gewünschten Länge. Faltet eins davon in der Mitte und legt es zu einer Schlaufe. Das gefaltete Ende liegt dabei oben.

2 Jetzt faltet ihr das zweite Stück Kordel in der Mitte und positioniert es unter der Schlaufe des ersten Stücks. Das gefaltete Ende zeigt in dieselbe Richtung wie das der ersten Kordel.

3 Schiebt das gefaltete Ende der zweiten Kordel über das gefaltete Ende der ersten und führt es dann unter den losen Enden der ersten Kordel hindurch auf die linke Seite.

4 Bringt das gefaltete Ende der zweiten Kordel zurück auf die rechte Seite, indem ihr es über den ersten Teil der Schlaufe der ersten Kordel legt. Führt es dann unter den losen Enden der zweiten Kordel hindurch wieder über den zweiten Teil der Schlaufe der ersten Kordel. Haltet die gefalteten Enden und die losen Enden der Kordel auf jeder Seite fest und zieht den Knoten vorsichtig zu.

5 Kürzt die Enden der Kordel auf die passende Länge für euer Handgelenk. Tupft ein klein wenig Sekundenkleber auf die Enden und schiebt sie dann in die breiten Bandklemmen. Mit der Flachzange drückt ihr die Klemmen fest zusammen.

6 Mit den beiden schmalen Flachzangen dreht ihr die Biegeringe vorsichtig auf und schiebt sie durch die Ösen der Bandklemmen. Den einen Ring führt ihr zusätzlich durch die Öse des Karabinerhakens. Jetzt müsst ihr nur noch die beiden Biegeringe sorgfältig schließen!

TIPP

Wenn ihr Biegeringe öffnet, um einen Verschluss zu befestigen, müsst ihr sehr sorgfältig arbeiten. Haltet jedes Ende mit einer Schmuckzange fest und dreht die Enden dann auseinander. Werden die Ringe mit einer Drehung geöffnet und nicht einfach auseinandergezogen, lassen sie sich später viel sauberer wieder zu einem exakten Kreis schließen, indem man die Drehung ganz einfach in der umgekehrten Richtung vornimmt.

TIPP

Sekundenkleber muss sehr vorsichtig benutzt werden. Keinesfalls darf er mit euren Fingern oder der Kleidung in Berührung kommen. Arbeitet immer nur mit winzigen Mengen, damit bei dem fertigen Schmuckstück keine unschönen Klebstoffrückstände zu sehen sind.

1

2

3

4

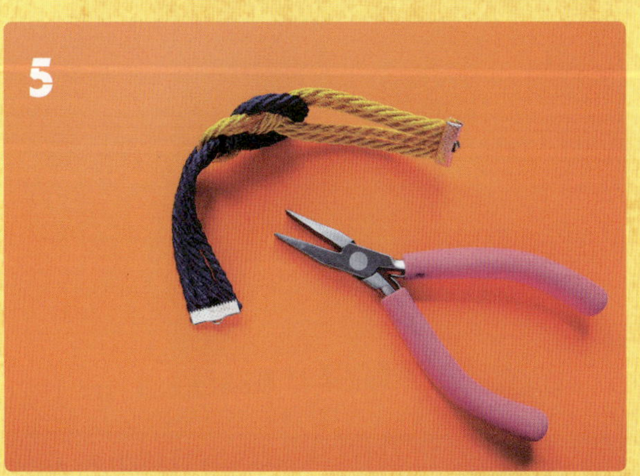
5

6

MEHRSTRÄNGIGES FLECHTARMBAND

Ein ganz einfaches Zopfmuster ist die Grundlage für dieses wunderbare Designerstück mit einer Kombination von Muschelperlen, Halbedelsteinen, Korallen und glänzenden klaren Glasperlen.

MATERIAL UND WERKZEUG

- NYLONUMMANTELTER SCHMUCKDRAHT, 1,5 M
- SEITENSCHNEIDER (SCHMUCKZANGE)
- SCHIEBEVERSCHLUSS, SECHSREIHIG, BREITE BANDKLEMMEN, 2 STÜCK
- QUETSCHPERLEN, 18 STÜCK
- FLACHZANGE (SCHMUCKZANGE)
- TÜRKISSPLITTER, 45-CM-STRANG (CA. 100 ELEMENTE)
- KORALLENPERLEN, 4 MM, CA. 70 STÜCK
- TRANSPARENTE GLASPERLEN, 4 MM, CA. 70 STÜCK
- NATURFARBENE MUSCHELSPLITTER, 41-CM-STRANG (CA. 90 ELEMENTE)

WEITERE ANREGUNGEN

Tauscht die beiden mittleren Perlenstränge gegen Samt- oder Wildlederbändchen aus, die ihr in Quetschperlen gefasst habt, und verwendet Perlen aus euren Vorräten, die sich harmonisch in euer einzigartiges Armband einfügen. Warum kombiniert ihr nicht einmal schwarzes Samtband mit runden Perlmuttperlen und facettierten Jetperlen? Oder ihr experimentiert mit hellbraunem Wildlederband mit echten Muschelsplittern und kastanienbraunen Holzperlen.

KOMBINIERT MUSCHELN MIT GLASPERLEN FÜR EIN STYLISCHES ARMBAND, DAS ALLE BLICKE AUF SICH ZIEHEN WIRD.

1 Zuerst schneidet ihr den nylonummantelten Schmuckdraht in sechs gleich lange Stücke, 5 cm länger als der Umfang eures Handgelenks. Dann fädelt ihr einen Draht durch eine Öse an der einen Hälfte des Schiebeverschlusses. Fädelt eine Quetschperle auf das lange Ende des Drahts und führt anschließend das kurze Ende durch die Quetschperle, sodass eine kleine Schlaufe entsteht. Mit der Flachzange drückt ihr die Quetschperle zusammen, um die Drähte zu fixieren. Verfahrt mit den übrigen fünf Drahtstücken ebenso. Mit dem Seitenschneider kürzt ihr dann noch die überstehenden Stückchen der kurzen Drahtenden direkt hinter den Quetschperlen.

2 Nun fädelt ihr eure Perlen auf die einzelnen Drähte. Für die ersten beiden Drähte nehmt ihr die Türkiselemente, die Korallen- und die Glasperlen kommen auf die nächsten beiden, und die Muschelsplitter fädelt ihr auf die letzten beiden Schmuckdrähte.

3 Kontrolliert noch einmal, ob alle Perlenstränge genau gleich lang sind, schiebt dann eine Quetschperle auf jedes Drahtstück und drückt sie fest zusammen, damit die Perlen nicht mehr verrutschen können.

4 Von beiden Seiten führt ihr nun die zwei äußeren Stränge abwechselnd zur Mitte, um einen lockeren Zopf zu flechten, bis das Ende der Perlen erreicht ist.

TIPP

Bitte seid vorsichtig, wenn ihr mit dem Seitenschneider hantiert. Schützt eure Augen mit einer Schutzbrille (eine Schwimmbrille erfüllt denselben Zweck) und tragt Lederhandschuhe, da die kleinen abgeknipsten Drahtstückchen sehr scharfkantig sind und ihr euch verletzen könnt.

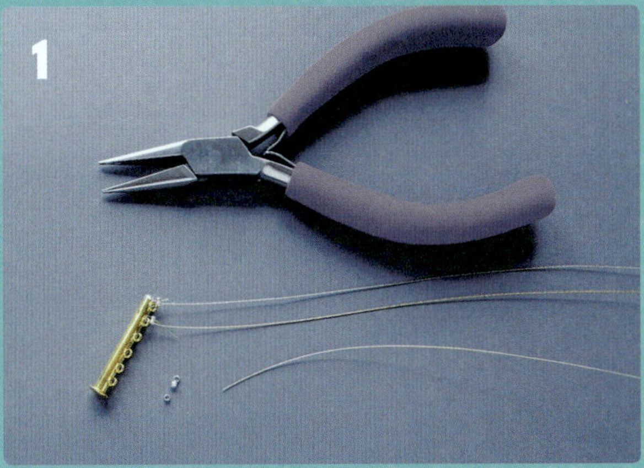
1

2

3

4

5 Schiebt eine Quetschperle auf jeden Draht, bevor ihr ihn durch die entsprechende Öse der anderen Hälfte des Schiebeverschlusses fädelt.

6 Nun schiebt ihr den Verschluss bis an die Perlen heran, führt das Drahtende wieder durch die Quetschperle am Ende des jeweiligen Strangs und drückt sie mit der Flachzange fest zusammen. Mit dem Seitenschneider knipst ihr jetzt noch die überstehenden Drahtenden sauber ab.

5

6

ARMBAND MIT DRAHTSCHRIFT

Aus Schmuckdraht eine Botschaft oder die Buchstaben eures Namens zu biegen macht Spaß, und das Ergebnis ist ein ganz individuelles Accessoire. Wäre das nicht auch etwas für eure beste Freundin?

MATERIAL UND WERKZEUG

- MITTELDICKER SCHMUCKDRAHT
- SEITENSCHNEIDER FÜR SCHMUCKDRAHT
- RUNDZANGE (SCHMUCKZANGE)
- BUNTE KORDEL UND WILDLEDERBÄNDCHEN, JE 10 CM LANG, 3 STÜCK
- SCHERE
- ENDKAPPEN, 2 STÜCK
- FLACHZANGE (SCHMUCKZANGE)
- SCHMALE FLACHZANGEN (SCHMUCKZANGE), 2 STÜCK
- GROSSE BIEGERINGE, 3 STÜCK
- KARABINERVERSCHLUSS

WEITERE ANREGUNGEN

Mit Schmuckdraht könnt ihr euer ganz eigenes Design umsetzen, indem ihr einen Namen, eine Botschaft oder ein ganz besonderes Motiv zurechtbiegt.

BETONE DEINE INDIVIDUALITÄT MIT EINEM WORT-ARMBAND.

Amy

1 Schneidet mit dem Seitenschneider ein Stück mitteldicken Schmuckdraht ab. Mit der Rundzange biegt ihr das Drahtende zu einer kleinen Schnecke oder Spirale. Jetzt formt ihr mit dem Draht einen Namen, ein Wort oder ein Motiv und biegt am Ende wieder eine kleine Spirale. Schneidet den restlichen Draht ab.

2 Schneidet jetzt die beiden Kordeln und das Wildlederbändchen zu und sichert sie an einem Ende mit einer Bandkappe, die ihr mit der Flachzange fest zusammendrückt.

3 Legt die äußeren Kordeln abwechselnd zur Mitte, um einen Zopf zu flechten. Das Zopfende wird mit der zweiten Endkappe gesichert, die ihr wieder mit der Flachzange fest zusammendrückt.

4 Mit den beiden schmalen Flachzangen dreht ihr einen Biegering auf und schiebt ihn zuerst durch die kleine Spirale oder Schnecke am Ende des Drahts und dann durch die Öse der Endkappe des Zopfs, um die beiden Teile miteinander zu verbinden. Schließt den Biegering sorgfältig.

TIPP

Wenn ihr einen Biegering öffnet, um einen Verschluss zu befestigen, müsst ihr sehr sorgfältig arbeiten. Haltet jedes Ende mit einer Schmuckzange fest und dreht die Enden dann vorsichtig auseinander. Werden die Ringe mit einer Drehung geöffnet und nicht einfach auseinandergezogen, lassen sie sich später viel sauberer wieder zu einem exakten Kreis schließen, indem man die Drehung einfach in der umgekehrten Richtung vornimmt.

1

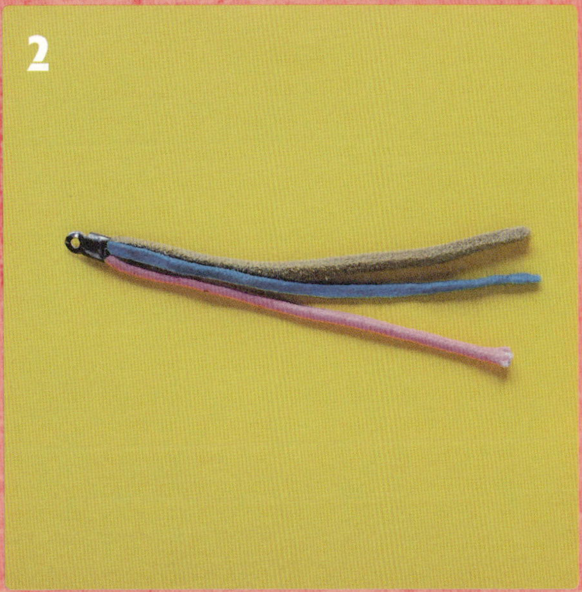
2

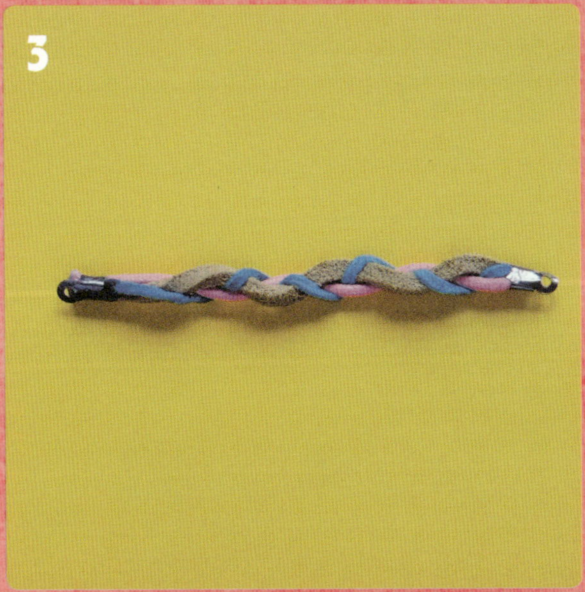
3

4

5 Wiederholt Schritt 4 und befestigt einen Biegering an der Spirale auf der anderen Seite des Drahtworts (am Wortanfang).

6 Auf dieselbe Weise öffnet ihr nun noch den dritten Biegering und befestigt damit den Karabinerverschluss an der Öse der zweiten Endkappe.

TIPP

Seid bitte vorsichtig, wenn ihr mit dem Seitenschneider arbeitet. Schützt eure Augen mit einer Schutzbrille (eine Schwimmbrille ist auch geeignet) und tragt Lederhandschuhe, da die abgeknipsten Drahtstückchen sehr scharfkantig sind und ihr euch verletzen könnt.

5

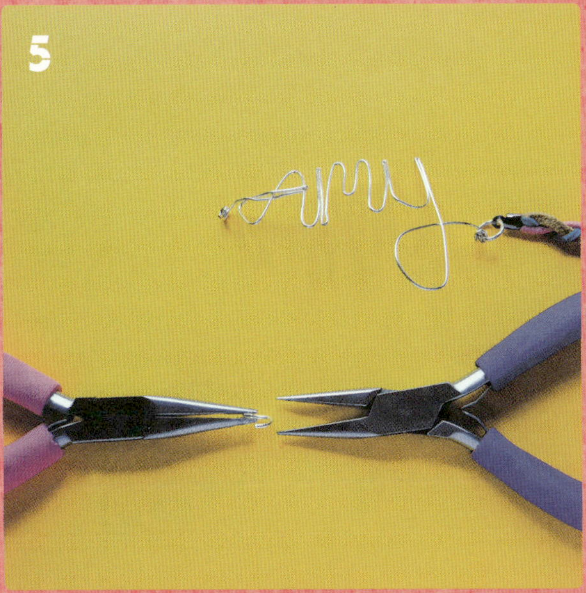

6

TIPP

Macht euch eine Vorlage, nach der ihr den Draht zu einem Namen biegt. Schreibt das Wort (in Schönschrift!) auf ein Blatt Papier und benutzt es als Schablone, wenn ihr mit dem Draht arbeitet.

ARMBAND AUS MEHREREN PERLENREIFEN

Memory-Draht behält seine Form und ist deshalb ein wunderbares Material, um dieses Perlenarmband anzufertigen, das so aussieht, als würde man gleich ein halbes Dutzend bunter Perlenreife tragen. Wählt eure Lieblingsfarbkombinationen für dieses außergewöhnliche Accessoire.

MATERIAL UND WERKZEUG

- SEITENSCHNEIDER (SCHMUCKZANGE)
- MEMORY-DRAHT
- PERLENAUSWAHL (UNGEFÄHRE MENGENANGABEN): GRÜNE STICKPERLEN (ROCAILLES), CA. 250 STÜCK; BLAUE GLASPERLEN, 4 MM, CA. 110 STÜCK; TRANSPARENTE GLASPERLEN, 4 MM, CA. 60 STÜCK; ROTE GLASPERLEN, 4 MM, CA. 50 STÜCK; GOLDENE WÜRFEL, 4 MM, CA. 7 STÜCK; WEISSE WÜRFEL, 4 MM, CA. 10 STÜCK; HELLBLAUE GLASPERLEN, 4 MM, CA. 7 STÜCK; OPAKE BLAUE GLASPERLEN, 4 MM, CA. 7 STÜCK; KLEINE SILBERPERLEN, 3 MM, CA. 7 STÜCK
- BIEGERINGE, 2 STÜCK
- KNEBELVERSCHLUSS

WEITERE ANREGUNGEN

Verwendet kontrastierende Farben und kreiert ein Streifenmuster für die einzelnen Reife.

HEBE DICH AB VON DER MASSE MIT DEINEM GLITZERNDEN ARMSCHMUCK.

TIPP

Bitte seid besonders vorsichtig, wenn ihr mit dem Seitenschneider und Memory-Draht arbeitet. Schützt eure Augen mit einer Schutzbrille (eine Schwimmbrille erfüllt denselben Zweck) und tragt Lederhandschuhe, da die kleinen Stückchen des Memory-Drahts sehr scharfkantig sind und man sich leicht damit verletzen kann.

1 Mit dem Seitenschneider schneidet ihr sechs Stücke von dem Memory-Draht ab, die jeweils 6 cm länger sind als der Umfang eures Handgelenks.

2 Benutzt die Rundzange, um eine kleine Öse an dem einen Ende der Drahtstücke zu biegen.

3 Fangt an, die Perlen auf den Draht zu ziehen. Die kleinen Ösen am Drahtende verhindern, dass sie herunterrutschen.

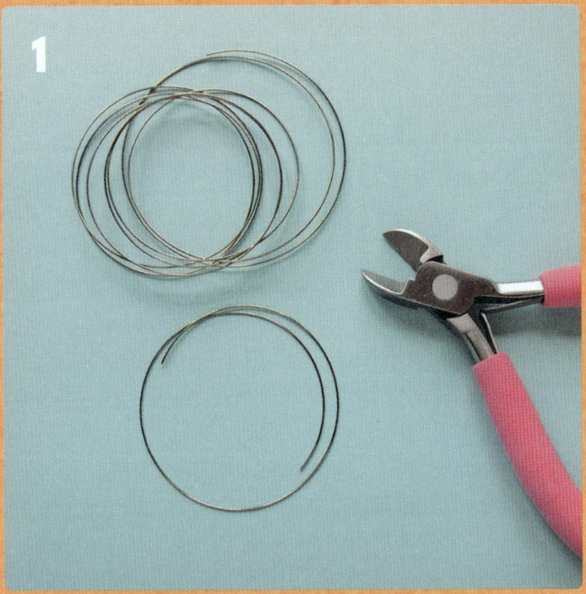

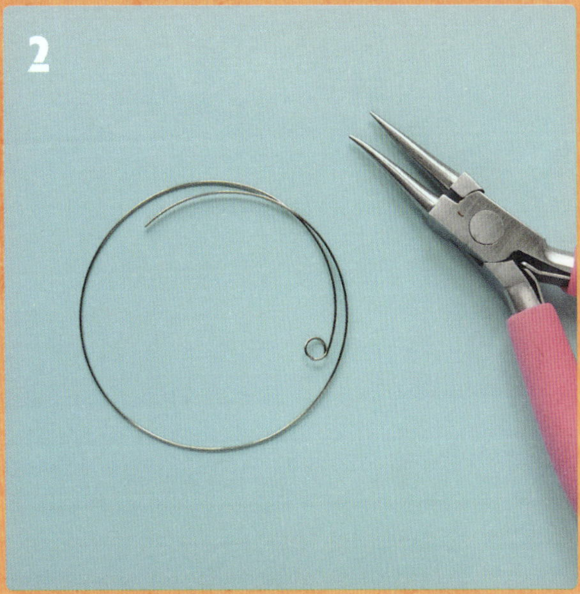

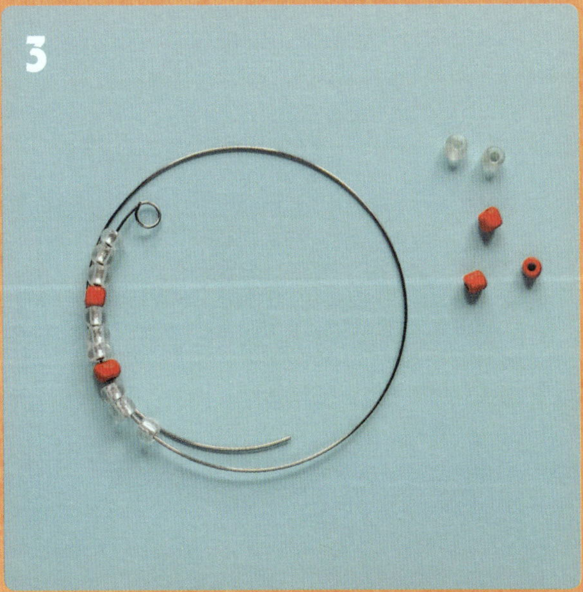

TIPP

Wenn ihr eine Drahtöse biegt, haltet ihr das Drahtende mit der Zange fest und achtet darauf, dass es nicht übersteht. Dann presst ihr den Daumen auf das Ende des Drahts, das auf der Zange liegt, und fangt an, die Zange zu drehen, um eine saubere Öse zu formen. Bitte versucht nicht, das in einem einzigen Arbeitsgang zu schaffen, sonst tut euch bald das Handgelenk ganz schön weh. Setzt die Zange neu an und dreht wieder, bis die Öse fertig ist.

4 Gestaltet jeden Reif unterschiedlich, indem ihr verschiedene Farben und Perlenformen verwendet, sodass jedes Stück ein Unikat ist.

5 Sobald ihr die Perlen auf alle Drahtstücke aufgezogen habt, nehmt ihr die Rundzange, um eine zweite kleine Öse am anderen Ende des Memory-Drahts zu biegen. Diese zweite Öse verhindert, dass die Perlen vom Draht rutschen.

6 Dreht einen Biegering auf (siehe Tipp) und fasst damit die Ösen aller sechs Drähte zusammen. Dann kommt noch die eine Hälfte des Knebelverschlusses hinzu, und ihr könnt den Biegering schließen (siehe Tipp).

7 Verfahrt mit dem zweiten Biegering ebenso auf der anderen Seite des Armbands und schließt den Ring, wenn alle sechs Ösen und die zweite Hälfte des Knebelverschlusses darin untergebracht sind.

TIPP

Beim Öffnen eines Biegerings, um damit einen Verschluss zu befestigen, müsst ihr sehr sorgfältig arbeiten. Haltet jedes Ende mit einer Schmuckzange fest und dreht die Enden dann vorsichtig auseinander. Werden die Ringe mit einer Drehung geöffnet und nicht einfach auseinandergezogen, lassen sie sich später viel sauberer wieder schließen, indem man die Drehung einfach in der umgekehrten Richtung vornimmt und so wieder einen exakten Kreis erhält.

4

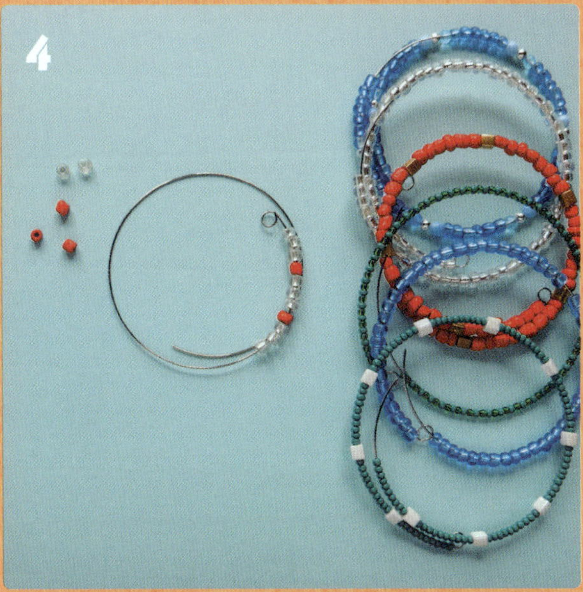

5

6

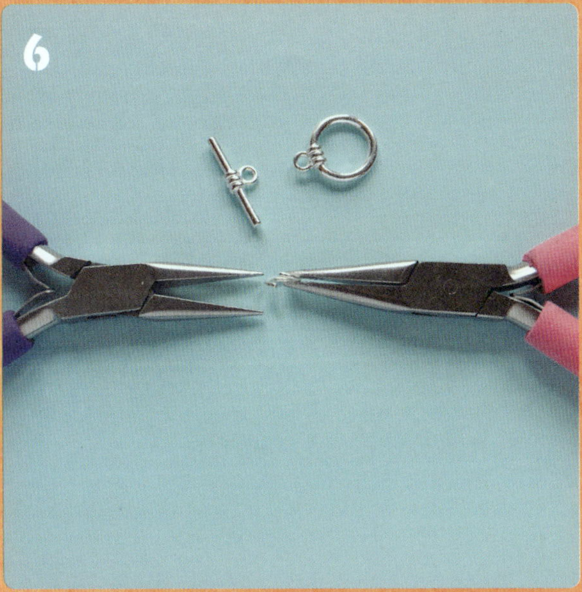

7

REISSVERSCHLUSS-ARMBAND

Dieses einfache Armband ist aus einem ganz gewöhnlichen Jeansreißverschluss gemacht. Das Metall verleiht dem leicht herzustellenden Armband eine besondere Note, und der Schieber wird benutzt, um eine wunderschöne Perle zu befestigen.

MATERIAL UND WERKZEUG

- METALLREISSVERSCHLUSS, 28 CM
- SEKUNDENKLEBER
- AUFFÄLLIGE PERLE
- GLASPERLEN, 4 MM, IN ZWEI FARBEN, 6 STÜCK
- SILBERNER NIETSTIFT
- RUNDZANGE (SCHMUCKZANGE)
- SEITENSCHNEIDER (SCHMUCKZANGE)
- SCHMALE FLACHZANGE (SCHMUCKZANGE), 2 STÜCK
- GROSSER BIEGERING
- KARABINERVERSCHLUSS

WEITERE ANREGUNGEN

Reißverschlüsse gibt es in ganz verschiedenen Farben und Textilqualitäten, sogar aus edlem Satin. Am besten stellt ihr gleich eine ganze Reihe von Armbändern aus verschiedenen Reißverschlüssen und mit unterschiedlichen Perlen oder Charms her, die zusammen getragen eine noch viel größere Wirkung erzielen.

MACHT EINDRUCK MIT DIESEM ORIGINELLEN TRENDIGEN ARMBAND!

1 Legt den geschlossenen Reißverschluss mit der Vorderseite nach unten auf die Arbeitsfläche. Anschließend tragt ihr auf einer Seite entlang der Zähne Sekundenkleber auf, schlagt dann das Band zur Mitte um und drückt es an. So entsteht ein schmaler Streifen. Lasst den Kleber gut trocknen.

2 Nun tragt ihr auf der anderen Seite der Zähne Sekundenkleber auf das Band auf, schlagt es um und drückt es an. Wieder muss der Kleber gut trocknen.

3 Fädelt in der Zwischenzeit drei kleine Perlen, die große Dekorperle und drei weitere Glasperlen auf den Nietstift. Mit der Rundzange formt ihr eine Öse am Ende des Nietstifts und knipst dann den überschüssigen Draht mit dem Seitenschneider ab (siehe Tipp auf Seite 66 zu den Sicherheitshinweisen beim Umgang mit dem Seitenschneider).

4 Mit zwei schmalen Flachzangen dreht ihr jetzt den Biegering auf. Schiebt ihn dann mit den offenen Enden durch die beiden Bänder unterhalb des Endteils des Reißverschlusses und zieht danach noch die Öse des Nietstifts und des Karabinerverschlusses auf den Ring, den ihr anschließend sorgfältig wieder schließt. Schneidet den überschüssigen Stoff oberhalb des Schiebers ab und hakt den Karabinerverschluss in den Schiebergriff, um das Armband zu schließen.

TIPP

Wenn ihr die Biegeringe öffnet, müsst ihr sehr sorgfältig arbeiten. Dreht die beiden Enden des Rings auseinander, denn wenn man die Enden auseinanderdreht und nicht zieht, kann man sie anschließend leichter sauber schließen, indem man sie in die Gegenrichtung dreht und so die exakte Kreisform wiederherstellen kann.

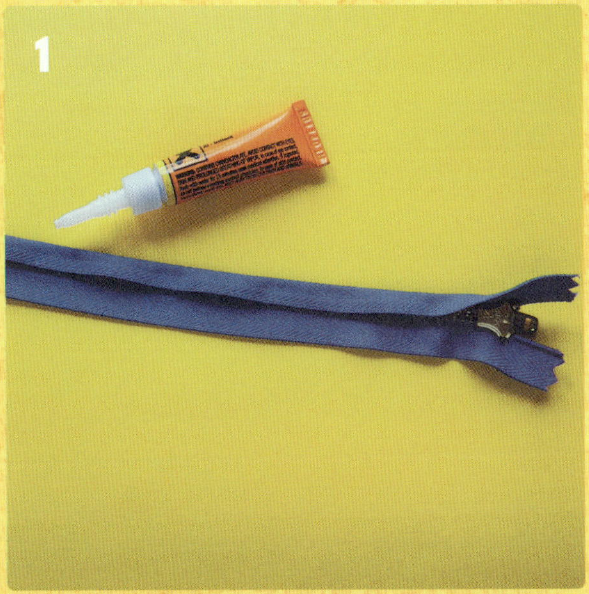
1

2

3

4

SPRÜHFARBEN-ARMREIF

Ein neuer Look gefällig? Das geht im Handumdrehen mit diesem Umstyling. Ihr braucht nichts weiter als einen alten Armreif, Acryl-Sprühfarbe in fröhlichen Farben und Metallic-Marker und schon könnt ihr kreativ werden.

MATERIAL UND WERKZEUG

- ALTER ARMREIF AUS PLASTIK ODER HOLZ MIT GLATTER OBERFLÄCHE
- PAPIER ZUM ABDECKEN DER ARBEITSFLÄCHE
- ACRYL-SPRÜHFARBE
- METALLIC-MARKER
- BLEISTIFT (OPTIONAL)

WEITERE ANREGUNGEN

Um ein wirklich ganz persönliches Schmuckstück zu kreieren, könnt ihr auch mit den Metallic-Markern euren Namen (oder den einer Freundin, wenn der Schmuck ein Geschenk werden soll) auf den Armreif schreiben – oder ein Lieblingswort – oder eine Botschaft – oder einen Wunsch – oder …

UPCYCLE ALTE ARMREIFE MIT BUNTEN FARBEN UND STIFTEN.

TIPP

Sprühfarbe sollte nur in Räumen verwendet werden, die gut zu lüften sind. Achtet darauf, dass alle Bereiche eures Arbeitsplatzes vollständig mit Papier abgedeckt sind. Tragt alte Kleidung, bei der es nichts ausmacht, wenn die Farbe aus Versehen auf eurer Jeans statt auf dem Armreif landet. Auch eine Mundschutzmaske ist nicht verkehrt, wenn ihr euch vor Farbdämpfen schützen wollt.

1 Wascht den Armreif gut in Seifenwasser, damit kein Schmutz oder Staub daran haftet, spült ihn ab und reibt ihn gut trocken.

2 In einem Arbeitsbereich, der gut zu lüften ist, deckt ihr zuerst eure Arbeitsfläche sorgfältig mit Papier ab, für den Fall, dass doch etwas von der Farbe ihr eigentliches Ziel verfehlt. Verwendet Acrylfarbe und arbeitet mit kurzen Sprühstößen, wobei ihr die Dose mehrmals im Bogen über den Armreif bewegt. Lasst der Farbe bis zu 1 Stunde Zeit, um staubtrocken zu werden, bevor ihr den Reif dreht und den nächsten Bereich einsprüht.

3 Sobald die Farbe überall vollständig trocken ist, fangt ihr an, mit dem Marker euer Muster aufzutragen. Wenn ihr wollt, könnt ihr es mit einem Bleistift ganz zart vorzeichnen.

4 Tragt jetzt das Muster fertig auf, aber seid vorsichtig, dass ihr den Markerauftrag nicht berührt, bevor er vollständig trocken ist (nach ca. 20 Minuten), er könnte verwischen.

1

2

3

4

PERLENZOPF-ARMBAND

Eine Handvoll kleiner goldener Perlchen und eine einzige große Dekorperle in einer Kontrastfarbe zur Kordel machen aus einem lässigen Flechtarmbändchen einen Hingucker, mit dem ihr auch auf jeder Party glänzen könnt.

MATERIAL UND WERKZEUG

- DÜNNE BAUMWOLL-KORDEL, 2 M
- SCHERE
- KLEINE GOLDENE PERLEN, 4 MM, 42 STÜCK
- GROSSE DEKORATIVE PERLE

WEITERE ANREGUNGEN

Stimmt die Farben von Kordel und Perlen so aufeinander ab, dass ihr für jede Gelegenheit ein wundervolles unverwechselbares Schmuckstück habt. Kombiniert doch einmal ein schwarzes Bändchen mit silbernen Perlen und verwendet statt einer auffälligen Perle einen silbernen Charm-Anhänger – das Armband ist auf jeden Fall partytauglich und passt garantiert zum „Kleinen Schwarzen".

MIT METALLPERLEN WIRD EIN SCHLICHTES FLECHTBÄNDCHEN ZUM FESTLICHEN ACCESSOIRE.

1 Schneidet die Kordeln in zwei Stücke von je 1 m, legt sie nebeneinander und faltet sie auf die Hälfte. Macht einen Knoten am oberen Ende, sodass eine Schlaufe entsteht. Sie muss so groß sein, dass die Dekorperle hindurchpasst, denn das wird der Verschluss des Armbands.

2 Schneidet eine der Kordeln direkt unterhalb des Knotens ab und verflechtet die verbleibenden drei Kordeln auf eine Länge von 2 cm miteinander. Um einen Zopf zu flechten, legt ihr die äußeren Kordeln abwechselnd zur Mitte. Nach 2 cm sichert ihr den Zopf mit einem Knoten.

3 Zieht die Goldperlchen auf die Kordeln und schiebt sie zum Knoten hin, damit sie nicht wieder herunterrutschen können.

4 Jetzt schiebt ihr die erste Perle auf der äußersten linken Kordel ganz nach oben und legt die Kordel dann in die Mitte. Anschließend schiebt ihr die erste Perle auf der äußersten rechten Kordel ganz nach oben und legt die Kordel dann in die Mitte. Die Perlen sind jetzt auf beiden Seiten fest in den Zopf eingeflochten.

1

2

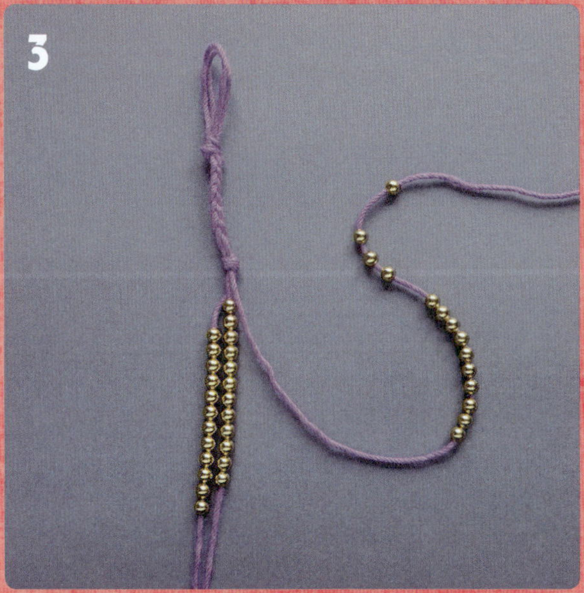
3

4

TIPP

Es kann manchmal etwas schwierig sein, die Perlen auf eine Kordel zu fädeln. Achtet darauf, dass die Enden sauber abgeschnitten sind, da sich ausgefranste Enden viel schlechter durch die Öffnung der Perlen schieben lassen.

5 Flechtet weiter und arbeitet jedes Mal eine Perle mit ein, bis der Zopf so lang ist, dass er um euer Handgelenk passt. Hebt ein Goldperlchen auf, das zusammen mit der Dekorperle verarbeitet werden soll.

6 Sichert das Zopfende mit einem Knoten, damit er sich nicht auflösen kann und die Perlen schön an ihrem Platz bleiben.

7 Die drei Kordeln flechtet ihr jetzt ohne Perlen noch 2 cm weiter und sichert auch dieses Zopfende mit einem Knoten. Zieht dann alle drei Kordeln durch die große Dekorperle.

8 Zum Schluss fädelt ihr noch die letzte kleine Goldperle auf alle drei Kordeln, die ihr anschließend verknotet. Jetzt habt ihr den zweiten Teil des Verschlusses. Schneidet die überstehenden Kordelenden unter dem Knoten sauber ab. Wenn ihr das Armband tragen wollt, legt ihr es um das Handgelenk und zieht zum Schließen die große Dekorperle durch die Schlaufe.

5

6

7

8

LOOM-BAND-ARMBAND

Mit den beliebten Loom-Bands, kleinen Silikonringen, lassen sich leuchtend bunte Armbänder weben. Bei diesem breiten Armband mit seinem auffallenden Pfeilmuster könnt ihr alle Regenbogenfarben verwenden.

MATERIAL UND WERKZEUG

- LOOM-BANDS IN VERSCHIEDENEN FARBEN, 6 PÄCKCHEN
- LOOM-BAND-WEBRAHMEN, LANG
- LOOM-BAND-HÄKELNADEL
- LOOM-BAND-VERSCHLUSSCLIP

WEITERE ANREGUNGEN

Webt doch einmal ein Armband mit noch mehr Farben, setzt den ganzen Regenbogen ein! Ihr könnt auch nur zwei eurer Lieblingsfarben benutzen und damit ein klares Streifenmuster arbeiten.

WOLLT IHR NICHT EINE GANZE KOLLEKTION VON LOOM-BAND-ARMBÄNDERN IN ALLEN FARBEN DES REGENBOGENS WEBEN?

1 Legt eine Auswahl von Loom-Bands in euren Lieblingsfarben zurecht. Ordnet sie in der Reihenfolge an, in der ihr sie für euer Muster braucht. So ist alles viel übersichtlicher, und die Arbeit geht schneller von der Hand. Legt den Loom-Band-Webrahmen so hin, dass die Öffnung in den Zapfen von euch weg zeigt, und fangt an, die Silikonringe paarweise in Streifen über die gesamte Länge des Webrahmens anzuordnen. Arbeitet von unten nach oben, in drei Reihen. Verwendet dabei abwechselnd die ausgewählten Farben, um das Streifenmuster entstehen zu lassen.

2 Jetzt dreht ihr den Webrahmen herum, sodass die Öffnungen in den Zapfen zu euch zeigen, und beginnt die Mittelbänder zu setzen. Sie reichen über alle drei bereits gespannten Streifen und bilden kleine Dreiecke über den ganzen Webrahmen.

3 Dreht einen einzelnen Silikonring (in der Abbildung schwarz) in die Form einer Acht und positioniert ihn auf dem untersten mittleren Zapfen des Webrahmens. Das wird der Verschluss eures Armbands.

4 Beginnt mit dem untersten Band und arbeitet nach oben. Stecht mit der Häkelnadel in die Öffnung des Zapfens hinter dem mittleren gespannten Dreieck, nehmt die Bänder auf die Nadel und stülpt sie über den darüberliegenden Zapfen.

1

2

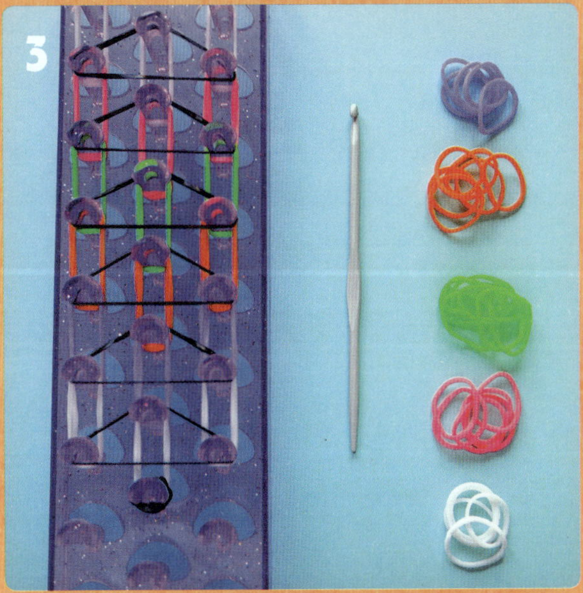
3

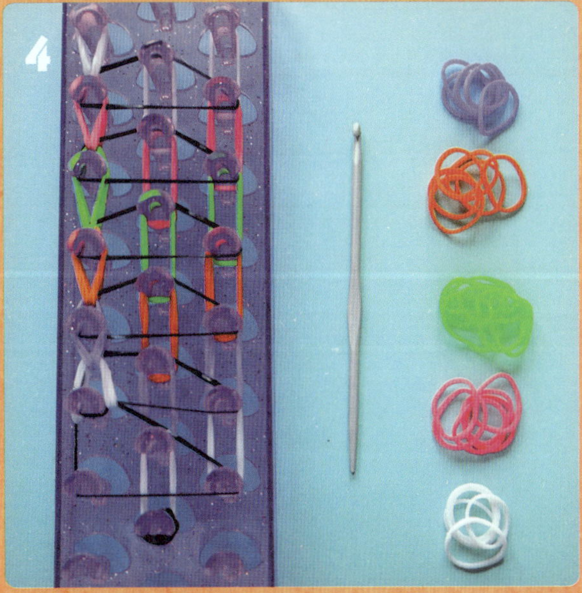
4

5 Beginnt mit dem untersten Band und arbeitet nach oben. Stecht mit der Häkelnadel in die Öffnung des Zapfens hinter dem mittleren gespannten Dreieck, nehmt die Bänder auf die Nadel und stülpt sie über den darüberliegenden Zapfen.

6 Zieht die äußeren beiden Teile des untersten mittleren zum Dreieck gespannten Loom-Bands in die Mitte und verdreht sie, bevor ihr sie über den mittleren Zapfen des Webrahmens stülpt. Dieses verdrehte Bändchen wird der zweite Teil des Verschlusses von eurem Armband.

7 Zieht den Verschluss durch das verdrehte Loom-Band und sichert ihn. Dann beginnt ihr bei dem Verschluss die Silikonringe vorsichtig vom Webrahmen abzuziehen. Euer Armband ist jetzt fertig.

8 Bringt den zweiten Teil des Verschlussclips in dem verdrehten Bändchen auf der anderen Seite an, um das Armband fertigzustellen.

TIPP

Der Loom-Band-Webrahmen dehnt die Silikonringe etwa auf das Doppelte ihrer Länge, während ihr daran arbeitet. Ihr müsst deshalb darauf achten, dass die Reihen auf dem Webrahmen lang genug sind, dass sie um euer Handgelenk passen, wenn ihr sie später vom Webrahmen abzieht. Auf den Rahmen gespannt, müssen die Loom-Bands doppelt so lang sein wie euer Handgelenksumfang, plus 5 cm für eine bequeme Weite.

5

6

7

8

MATERIAL

Bei allen Projekten findet ihr eine Liste der Dinge, die ihr zum Arbeiten braucht. Hier gibt es noch ein paar zusätzliche Tipps.

STICKGARN

Stickgarn oder Sticktwist ist normalerweise sechsfädig, besteht also aus sechs feinen Fäden mercerisierter Baumwolle, wodurch das Garn sich weich und seidig anfühlt. Für die Freundschaftsbändchen wird das vollständige sechsfädige Garn verwendet. Der Handel bietet mehr als 500 verschiedene Farben an. Ihr werdet also ganz sicher die passende Farbkombination für euer Pfeilmuster-Freundschaftsbändchen (siehe Seite 8) finden, die zu jedem Outfit passt.

KORDEL/BAND

Bänder und Kordeln gibt es aus ganz verschiedenem Material wie Nylon, Baumwolle, Leder und Kunstwildleder und in unterschiedlicher Stärke. Für das Perlenzopf-Design habe ich dünne Baumwollkordel verwendet (siehe Seite 78), das Charm-Armband (siehe Seite 14) ist mit dünnem gewachstem Baumwollbändchen gearbeitet, ein dickeres Band wurde für das Seemannsknoten-Projekt (siehe Seite 48) benutzt, dickes Paracord-Band für das Urban-Knot-Armband (siehe Seite 30).

SCHMUCKZUBEHÖR

Verschlüsse, Bandkappen, Quetschperlen bezeichnet man als Schmuckzubehör. Diese speziellen Teile gibt es aus silber-, goldfarbenem und buntem Metall. Für besondere Projekte kann man sich natürlich auch für Sterlingsilber entscheiden.

STICKPERLEN

Sie werden auch Rocailles genannt. Sie werden in Japan oder Tschechien hergestellt, und es gibt sie in allen erdenklichen Farben. Japanische Perlen haben eine größere Öffnung, sind gleichmäßiger in Form und Größe, dafür aber auch teurer.

DRAHT

Formgedächtnisdraht oder Memory-Draht wurde für das mehrreihige Perlenarmband verwendet (siehe Seite 64), da er seine gerundete Form ohne Weiteres beibehält. Der Draht wird von der Rolle verkauft und ist oft beschichtet, damit er wie Silber, Gold oder altes Messing aussieht. Der Draht ist sehr hart, sodass ihr eine spezielle Drahtschere braucht. Schmuckdraht ist viel weicher und leichter zu biegen, sodass er sich zum Beispiel hervorragend für das Drahtschrift-Armband (siehe Seite 58) eignet. Memory-Draht besteht meistens aus beschichtetem Kupfer, es gibt jedoch auch bunt beschichtete Varianten in verschiedenen Farben. Bitte benutzt nur nylonbeschichtete Zangen für die Arbeit, damit das Biegen keine unschönen Spuren hinterlässt.

SCHMUCKZANGEN

Für die Projekte in diesem Buch braucht ihr sowohl Flach- als auch Rundzangen. Rundzangen laufen spitz zu und eignen sich hervorragend zum Biegen von Ösen.
Setzt die Zange für eine große Öse hinten an, für eine kleine Öse benutzt ihr die Spitze. Flachzangen werden zur Spitze hin nicht schmaler, man verwendet sie zum Öffnen und Schließen von Verbindungsringen/Biegeringen und um Draht festzuhalten.

LOOM-BANDS

Diese kleinen elastischen „Gummibänder" bestehen eher aus Silikon als aus Gummi, und das ist eine gute Nachricht für alle, die allergisch auf Latex reagieren. Man bekommt sie in vielen Farben und Varianten wie zum Beispiel in perlmutt- oder metallfarbener Ausführung.

ACRYL-SPRÜHFARBE

Farbspray solltet ihr nur an einem gut zu belüftenden Arbeitsplatz benutzen – die Arbeitsfläche muss großräumig und sorgfältig abgedeckt werden. Am besten tragt ihr auch alte Kleidung und Einmalhandschuhe. Haltet die Spraydose in etwa 25 cm Abstand zum Armreif und bewegt sie gleichmäßig hin und her. Die Farbe ist nach etwa 1 Stunde staubtrocken, schnell trocknende Farbe nach ca. 10 Minuten. Vollständig trocken ist sie erst am nächsten Tag. Es gibt eine große Auswahl an Farben, darunter auch welche mit Metallic-Effekt.

WASHI-TAPE

Dieses Klebeband, das für den Washi-Tape-Armreif auf Seite 26 verwendet wird, ist ein dekoratives Klebeband aus Japan, das zu einem sehr beliebten Material für verschiedene Bastelprojekte geworden ist, wie zum Beispiel für Grußkarten, Scrapbooks, Geschenkverpackungen und für die Schmuckherstellung.

CHARMS

Mit Charms kann man ein Projekt schnell und einfach persönlich gestalten, wie zum Beispiel das Reißverschluss-Armband von Seite 70. Sie können auch als Blickfang bei einem Charm-Armband benutzt werden, wie bei dem Charm-Motiv-Armband auf Seite 14. Diese Motiv-Charms findet ihr in verschiedenen Formen und Größen in der Schmuckabteilung eines Bastelgeschäfts. Vielleicht möchtet ihr aber lieber eure eigenen Charms gestalten – mit Schmuckdraht und verschiedenen Perlen.

BEZUGSQUELLEN

Wenn ihr gern und oft bastelt, habt ihr sicher schon einen Teil des Werkzeugs und Materials, das für die Arbeiten in diesem Buch verwendet wird. Für ein paar der Projekte, wie das T-Shirt-Stoff-Armband (Seite 20), könnt ihr einfach Dinge upcyceln, die ihr ganz bestimmt zu Hause findet. Wenn ihr spezielle Dinge anschaffen wollt, wie zum Beispiel Schmuckzangen oder Memory-Draht, dann findet ihr das so ziemlich alles in einem größeren Geschäft für Künstlerbedarf oder in der Kurzwarenabteilung eines Kaufhauses. Sollte es das bei euch nicht geben, werdet ihr ganz sicher im Internet fündig. Es gibt eine Vielzahl von Onlinehändlern, die eine riesige Auswahl an Perlen und anderem nützlichen Krimskrams anbieten. Es gibt wirklich jede Menge Internetadressen für Schmuckzubehör, obwohl ihr vielleicht lieber in einem richtigen Laden nach Perlen schaut und euch von der Auswahl an unterschiedlichstem Material inspirieren lasst.

BUCHTIPPS

VOM BASICTEIL ZU DEINEM STYLE

Mehr als 30 DIY-Projekte für individuelle Kleider

ISBN 978-3-86355-295-4 **14,99**

Zaubere aus simplen Basicstücken aus deinem Kleiderschrank eine individuelle Garderobe, mehr als 30 Styles zum Selbermachen warten auf dich!

STYLE DEIN ZIMMER

Mehr als 45 kreative Projekte für dein eigenes Reich – bye-bye Kinderzimmer!

ISBN 978-3-86355-287-9

Schaffe dir mit wenig Geld und einem geringen Aufwand dein individuelles Wohnparadies zum Spaßhaben, sich Zurückziehen und Freundeeinladen! Durch Nähen, Basteln, Werkeln, Malen und Drucken, kannst du aus deinem alten Kinderzimmer ein neues Zimmer machen, das dir wieder gefällt!

DAS MASKING-TAPE-KREATIV-SET

Buch+6 Rollen original Maste Masking Tape für bunten Klebespaß

ISBN 978-3-86355-390-6 **16,99**

Masking Tape ist viel mehr als nur Klebeband! Verpacke, verziere und verschönere alles, was dir unter die Finger kommt, und verbreite kunterbunten Klebespaß!

FOTOTRANSFER-IDEEN

Übertragungstechniken für Holz, Textilien, Keramik und mehr

ISBN 978-3-86355-383-8 **14,99**

Entdecke verschiedene Transfertechniken und verwandle deine Urlaubsfotos, Lieblingsbilder oder Fotos deiner Freunde in tolle Deko-Objekte für dein Zimmer oder zum Verschenken! So muss kein Foto mehr auf der Festplatte versauern!

INDEX

ÜBER DIE AUTORIN

Die Designerin Laura Strutt entwirft und realisiert ihre eigenen kunsthandwerklichen Objekte. Mit ihrem Mann und dem kleinen Hund, Waffle, lebt sie in Colchester. Sie ist Autorin einer Reihe von DIY-Büchern z. B. zu den Themen Nähen, Hochzeit und Stricken. Laura Strutt veranstaltet regelmäßig Workshops in ganz Großbritannien und teilt kreative Projekte, Anleitungen, Rezepte und Anregungen zu DIY-Projekten auf ihrer Webseite www.madepeachy.com.

DANKSAGUNG

Es hat riesigen Spaß gemacht, die Freundschaftsarmbänder für dieses Buch auszutüfteln und anzufertigen. – Nichts ist so inspirierend, wie umgeben von lauter fröhlich bunten Perlen, farbigen Bändern, glitzerndem Modeschmuck, Charms und Verschlüssen zu arbeiten! Eine ganze Reihe von Leuten hat tatkräftig zum Entstehen dieses Buchs beigetragen, und ich möchte mich bei ihnen allen ganz herzlich bedanken. Mein besonderer Dank gilt Amy Christian von Pavilion Books für den Auftrag für ein so fantastisches Buch, das so viel Spaß macht, und Judith More für ihre Liebe zum Detail. Ein großes Dankeschön – last but not least – an meinen Mann, John Strutt, für seine unermüdliche Unterstützung, seine kreativen Anregungen und seine Toleranz. Es ist sicher nicht einfach, 24 Stunden am Tag, sieben Tage die Woche inmitten von Bastelmaterial zu leben.

Step-by-step-Fotografien von Laura Strutt
Projektfotografien von Christina Wilson